Sven Theel

Methoden zur Case Base Wartung und Optimierung bei unscharfen Informationen

GRIN Verlag

Bibliografische Information der Deutschen Nationalbibliothek:

Die Deutsche Bibliothek verzeichnet diese Publikation in der Deutschen National-
bibliografie; detaillierte bibliografische Daten sind im Internet über http://dnb.d-
nb.de/ abrufbar.

Impressum:

Copyright © 2009 GRIN Verlag GmbH
Druck und Bindung: Books on Demand GmbH, Norderstedt Germany
ISBN: 978-3-656-00033-4

Dieses Buch bei GRIN:

http://www.grin.com/de/e-book/178198/methoden-zur-case-base-wartung-und-
optimierung-bei-unscharfen-informationen

GRIN - Your knowledge has value

Der GRIN Verlag publiziert seit 1998 wissenschaftliche Arbeiten von Studenten, Hochschullehrern und anderen Akademikern als eBook und gedrucktes Buch. Die Verlagswebsite www.grin.com ist die ideale Plattform zur Veröffentlichung von Hausarbeiten, Abschlussarbeiten, wissenschaftlichen Aufsätzen, Dissertationen und Fachbüchern.

Besuchen Sie uns im Internet:

http://www.grin.com/

http://www.facebook.com/grincom

http://www.twitter.com/grin_com

Universität Hildesheim

Institut für Informatik

Seminar

Intelligente Informationssysteme

Thema:
"Methoden zur Case Base Wartung/Optimierung bei
unscharfen Informationen"

Wintersemester 2008/2009

Sven Theel
Studiengang: Wirtschaftsinformatik (B.Sc.)

Abstract

Die Wartung und Optimierung der Fallbasis ist mittlerweile zu einem der wichtigsten Kerngebiete des Case-Based Reasoning avanciert. Auf Grund der immer weiter wachsenden Anzahl an Informationen, die innerhalb einer solchen Wissensbasis abgelegt und organisiert werden müssen, wird auch dem Aufgabengebiet der Wartung und Optimierung eine immer größere Bedeutung beigemessen.

Nachdem die Eigenschaften der Fälle einer Fallbasis erläutert werden, werden in dieser Arbeit verschiedene Ansätze vorgestellt, wie dem Auftreten von unscharfen Informationen innerhalb einer Fallbasis, verursacht durch Redundanzen, Widersprüche oder sonstige Konflikte hinsichtlich der Fälle und deren Eigenschaften und Qualität, entgegenzuwirken ist. Hierbei werden sowohl Ansätze präsentiert, bei denen es um das Auffinden und Entfernen solcher unscharfen Informationen geht, als auch solche, bei denen versucht wird diesen präventiv entgegenzuwirken, bevor sie überhaupt entstehen können.

Alle gezeigten Ansätze verfolgen jedoch das gemeinsame Ziel, eine hohe Qualität und Performance der gesamten Fallbasis zu erreichen, diese auf Dauer sicherzustellen und sie nach Möglichkeit immer weiter zu steigern.

Abschließend erfolgt noch einmal einer Gegenüberstellung aller Methoden, sowie ein kurzer Ausblick auf mögliche Kombinationen der Ansätze.

Inhaltsverzeichnis

1 Einführung

Im Laufe der letzten Jahre hat sich das Aufgabenfeld der Wartung und Optimierung von Fallbasen zu einem der wichtigsten Bereiche des Case-Based Reasoning entwickelt. Mittlerweile zählt es den aktivsten Forschungsgebieten in diesem Bereich, wofür es mehrere Gründe gibt. Zum einen müssen die heutigen fallbasierten Problemlösesysteme immer größere Mengen an Erfahrungen bewältigen können. Sie müssen die Datenmengen erfassen, sie verarbeiten und deren Relevanz für die Fallbasis bestimmen, das heißt ob die neue Erfahrung in der Fallbasis abgelegt werden soll, sie verworfen werden soll oder gar eine bisherige Erfahrung ersetzen soll. Die Größe der Fallbasen steigt immer weiter, sodass es entsprechend immer schwerer wird effiziente Entscheidungen zu treffen und Resultate zu erhalten die für den Benutzer verständlich und nachvollziehbar sind [Zhu und Yang 1998, Seite 1]. Weiterhin sind Wartungsaufgaben schon alleine deswegen nötig, da Wissensstrukturen zum Problemlösen im Laufe der Zeit variieren und sich auch das Wissen selber im Laufe der Zeit verändert oder es gar ungültig wird [Zhu und Yang 1998, Seite 1]. Beispielsweise können neue Entdeckungen gemacht werden, die bisheriges Wissen eindeutig widerlegen oder ganz neue, effizientere Lösungsansätze für spezielle Probleme erlauben.

Die wesentlichen Wartungs- und Optimierungsaufgaben sind das Löschen, Hinzufügen und Verändern von Fällen oder sonstigem Wissen innerhalb einer Fallbasis, um den Fortbestand und die Performance eines Case-Based Reasoning Systems zu garantieren [Zhu und Yang 1998, Seite 1]. Es werden Methoden implementiert zum Überarbeiten des Inhaltes, sowie für die Organisation einer Fallbasis zur Vereinfachung zukünftiger Entscheidungen hinsichtlich einer speziellen Menge an Performancezielen [Leake und Wilson 1998].

Da im Bereich der Casebase-Wartung und Optimierung sehr viel gearbeitet wird, gibt es auch eine ganze Reihe von Ansätzen, wie man unscharfen Informationen in eine Fallbasis effizient entgegenwirken kann. Hierbei gibt es zum einen Herangehensweisen die zunächst die Probleme innerhalb der Fallbasis aufspüren und dann versuchen diese zu lösen und zum anderen gibt es Methoden, die als Ziel die permanente Überwachung der Fallbasis-Qualität und -Performance haben und versuchen an mögliche Problemen präventiv heranzuziehen, beispielsweise durch spezielle Regelwerke.

Bevor im Folgenden auf die unterschiedlichen Wartungs- und Optimierungsansätze eingegangen wird, werden zunächst die Falleigenschaften innerhalb einer Fallbasis erläutert. In deren Ausprägungen spiegelt sich die Qualität einer Fallbasis wieder und sie sind es daher auch, die es zu optimieren gilt, weshalb sie in einigen der hier präsentierten Ansätze eine wesentliche Rolle spielen.

2   Falleigenschaften

Die in der Fallbasis enthaltenen Fälle lassen sich durch ihre verschiedenen Eigenschaften charakterisieren und aus den Ausprägungen der Falleigenschaften der Gesamtheit der Fälle lässt sich die Qualität der gesamten Fallbasis ableiten. Erfüllen alle Fälle einer Fallbasis eine bestimmte Eigenschaft, so kann man auch der Fallbasis selber diese bestimmte Eigenschaft zuordnen. [Iglezakis 2001, Seite 4]

Man kann außerdem zwischen isolierten und vergleichenden Falleigenschaften unterscheiden. „Isoliert" heißt in diesem Zusammenhang, dass die Eigenschaft ohne Zuhilfenahme anderer Fälle festgestellt werden kann und „vergleichend" bedeutet entsprechend, dass die Eigenschaft mittels von Vergleichen mit anderen Fällen ermittelt wird. [Iglezakis 2001, Seite 2]

Es gibt eine ganze Reihe an Falleigenschaften. Im Folgenden werden die Wesentlichen anhand der Beispielfallbasis in Abbildung 1 erläutert.

Fall	Marke	Modell	Baujahr	Leistung [PS]	Treibstoffart	Kraftübertragung	Problem	Lösung
1	BMW	760Li	2007	445	Benzin	Heckantrieb	Quietschen beim Bremsvorgang	Bremsbeläge erneuern
2	BMW	320d	1998	136	Diesel	Frontantrieb	Lenkung schwerfällig	Servoflüssigkeit nachfüllen
3	BMW	760Li	2007	445	Benzin	Heckantrieb	Quietschen beim Bremsvorgang	Bremssattelhalterung festziehen
4	BMW	760Li	2007	445	Benzin	Heckantrieb	Quietschen beim Bremsvorgang	Bremsbeläge erneuern
5	BMW	X5	2007	355	Benzin	Allradantrieb	Quietschen beim Bremsvorgang	Bremsbeläge erneuern
6	BMW	130i	2006	265	Benzin	Heckantrieb	Scheibenwischer wischen nicht mehr	Zylinderkopfdichtung erneuern
7	BMW	330i	2006	265	Benzin	Heckantrieb	Kühlwasseranzeige schnell im roten Bereich	Zylinderkopfdichtung erneuern
8	BMW	120d	2007	163	- - -	Heckantrieb	Reifen innen stark abgefahren	Reifensturz korrigieren
9	BMW	650i	2008	376	Benzin	Heckantrieb	Wischwasseranlage funktioniert nicht mehr	Wischwasserpumpe erneuern
10	BMW	316i	1997	105	Benzin	- - -	Motor springt nicht an	Kraftstoffpumpe erneuern
11	BMW	320d	1998	136	Diesel	Frontantrieb	Lenkung schwerfällig	Servoflüssigkeit nachfüllen
12	BMW	320d	1998	136	Diesel	Frontantrieb	Lenkung schwerfällig	Servoflüssigkeit nachfüllen
13	BMW	320d	1998	136	Diesel	Frontantrieb	Lenkung schwerfällig	Querlenker erneuern

Abbildung 1: Fallbasis aus dem Bereich Automobildiagnose

2.1   Korrektheit

Die Korrektheit ist eine isolierte Eigenschaft. Ein Fall gilt genau dann als korrekt, wenn die Problembeschreibung zur angegebenen Lösung passt. Dies ist der Fall, wenn die Lösung das beschriebene Problem löst [Iglezakis 2001, Seite 2].

Beispiel für Korrektheit:

Fall 1: Die Lösung „Bremsbeläge erneuern" behebt das beschriebene Problem „Quietschen beim Bremsvorgang". → Fall ist korrekt.

Fall 6: Die Lösung „Zylinderkopfdichtung erneuern" behebt das beschriebene Problem „Scheibenwischer wischt nicht mehr" **nicht**. → Fall ist inkorrekt.

2.2   Konsistenz

Bei der Konsistenz handelt es sich um eine vergleichende Falleigenschaft. Grundsätzlich ist ein Fall konsistent, wenn es keine anderen Fälle innerhalb der Fallbasis gibt, deren Problembeschreibung die gleiche oder eine Teilmenge der Problembeschreibung des betrachteten Falles ist und die Lösungen unterschiedlich sind. Hintergrund für diese Definition ist, dass angenommen wird, dass für jedes auftretende Problem nur eine beste Lösung existiert, da die optimale Fallbasis nur „beste Fälle" enthält. Es ist jedoch denkbar, dass es in bestimmten Bereichen äquivalente Lösungen für ein Problem gibt. Hierbei muss der Fallbasis-Administrator entscheiden ob dies zulässig ist oder nicht [Iglezakis 2001, Seite 3].

Bei der Konsistenz kann zusätzlich zwischen Intra-Case-Konsistenz und Inter-Case-Konsistenz unterschieden werden. Intra-Case-Konsistenz bedeutet, dass innerhalb eines Falles Konsistenz herrscht, wenn der Fall hinsichtlich des zugehörigen Hintergrundwissens, also im Kontext des Wissens, in sich schlüssig ist. Inter-Case-Konsistenz hingegen herrscht genau dann, wenn zwischen zwei oder mehr Fällen innerhalb einer Fallbasis zueinander konsistent sind, im klassischen Sinne der Konsistenz [Racine und Yang 1996, Seite 3f].

Beispiele für Konsistenz:

Intra-Case-Konsistenz:

Fall 2: BMW 320d hat bei der Kraftübertragung den Wert „Frontantrieb" zugewiesen bekommen. → Fall ist inkonsistent, da BMWs entweder über Heckantrieb oder Allradantrieb verfügen.

Inter-Case-Konsistenz:

Fälle 1 und 3: Fälle unterscheiden sich lediglich in der Lösung. → Fälle sind zueinander inkonsistent. Möglicher Grund: Bei Fall 3 wurde das Baujahr falsch eingetragen und bei einem älteren 760Li lässt sich das Problem noch durch das Festziehen der Bremssattelhalterung beheben.

2.3 Einzigartigkeit

Die vergleichende Falleigenschaft Einzigartigkeit ist dann erfüllt, wenn ein Fall nur einmal innerhalb einer Fallbasis existiert und es keinen gleichen oder ähnlichen Fall gibt, der für die gleiche Menge Probleme und Anfragen verwendet wird [Iglezakis 2001, Seite 3].

Beispiel für Einzigartigkeit:

Fall 1 und 4: Die Attribute, deren Werte, die komplette Problembeschreibung und die Lösung sind identisch. → Die Fälle sind nicht einzigartig. Es macht keinen Sinn beide in der Fallbasis beizubehalten, sodass man einen der Fälle löschen kann um Speicherplatz freizusetzen.

2.4 Minimalität

Minimalität ist ebenfalls eine vergleichende Eigenschaft und ist genau dann gegeben, wenn die Problembeschreibung und die zugehörige Lösung jedes anderen Falles in der Fallbasis unterschiedlich sind [Iglezakis 2001, Seite 3f].

Beispiel für Minimalität:

Minimalität ist in der Beispielfallbasis aus Abbildung 1 nicht gegeben, da sich Problembeschreibungen und Lösungen mancher Fälle gleichen. Bestünde die Fallbasis nur aus Fall 1 und Fall 2, so würde Minimalität herrschen, da die beiden Fälle sowohl in Problembeschreibung und Lösung unterschiedlich sind.

2.5 Zusammenhangslosigkeit

Die vergleichende Falleigenschaft Zusammenhangslosigkeit gilt genau dann, wenn jeder andere Fall der Fallbasis mit der gleichen Lösung wie der betrachtete Fall die gleiche Problembeschreibung hat, mit Ausnahme eine festgelegten Menge Δ (Delta) an Attributen, wo die Werte unterschiedlich sein müssen [Iglezakis 2001, Seite 4].

Beispiel für Zusammenhangslosigkeit:

Fälle 4 und 5: (Δ = 3)

Die beiden Fälle unterscheiden sich hinsichtlich der Werte bei genau 3 Attributen, dem Modell, der Leistung und der Kraftübertragung. → Somit sind die Fälle 4 und 5 zusammenhangslos.

Fälle 6 und 7: (Δ = 3)

Die beiden Fälle unterscheiden sich hinsichtlich der Werte lediglich bei 2 Attributen, dem Modell und dem Problem. → Somit sind die Fälle 6 und 7 **nicht** zusammenhangslos.

3 Methoden zur Case Base Wartung / Optimierung

Nachfolgend werden die verschiedenen Ansätze zur Erhaltung, beziehungsweise zur Verbesserung einer Fallbasis präsentiert. Jede Methode wird zunächst vorgestellt, das heißt es werden die zugrundeliegenden Ideen, Theorien und die verwendeten Methoden beschrieben. Anschließend werden für jede Methode Vor- und Nachteile aufgezeigt und es wird eine beispielhafte Anwendung des Ansatzes durchgeführt. Im Anschluss werden die unterschiedlichen Ansätze noch einmal gegenübergestellt und verglichen (siehe Abschnitt 4, Seite 20).

3.1 Konfliktgraph

Der Konfliktgraph bietet eine Technik um Konflikte zwischen Fällen aufzuspüren und zu beseitigen um somit die Qualität der Fallbasis zu bewahren und zu verbessern [Iglezakis 2001, Seite 1]. Die Qualität der Fallbasis lässt sich anhand der Falleigenschaften (siehe Abschnitt 2, Seite 4ff) messen. Der Grad einer Eigenschaft lässt jeweils wie folgt berechnen [Iglezakis 2001, Seite 4]:

$$\frac{card\{ \text{ Fälle, welche die Eigenschaft erfüllen } \}}{card\{ \text{ Alle vorhandenen Fälle in der Fallbasis } \}}$$

In de Regel ist der Grad einer Eigenschaft kleiner als 1 (100%), da in den wenigsten Fällen alle Fälle der Fallbasis die betrachtete Eigenschaft erfüllen. [Iglezakis 2001, Seite 5] Erfüllen jedoch alle Fälle eine bestimmte Eigenschaft, so kann diese Eigenschaft auch der Fallbasis selbst zugeordnet werden. Sind zum Beispiel alle Fälle der Fallbasis korrekt, so ist auch die Fallbasis korrekt [Iglezakis 2001, Seite 4].

Zusätzlich zum regulären 4R-Case-Based-Reasoning-Zyklus nach Aamodt und Plaza mit den vier Schritten *Retrieve*, *Reuse*, *Revise* und *Retain* [Aamodt und Plaza 1995] betrachtet man hinsichtlich des Konfliktgraphen zwei weitere Schritte, das *Review* und das *Restore*. Diese Erweiterung beruht auf dem 6R-Zyklus nach Roth Berghofer und Iglezakis [Roth-Berghofer und Iglezakis 2001]. Wie man in Abbildung 2 (Siehe Seite 8) erkennen kann, wird dabei zwischen der Wartungsphase und der Anwendungsphase unterschieden. Während des 6R-Zyklus werden bei einem neu eintreffenden Problem zunächst die Anwendungsphase zum Finden einer Lösung und anschließend die Wartungsphase zum Abspeichern neuer Informationen durchlaufen.

Während der Anwendungsphase bleibt die Fallbasis unverändert. Sie enthält die drei Schritte *Retrieve*, *Reuse* und *Revise*. Beim *Retrieve* werden der ähnlichste Fall, beziehungsweise die ähnlichsten Fälle zum aktuellen Fall aus der Fallbasis gesucht. Der Schritt *Reuse* dient der Verwendung und Adaption des gefundenen Falles um einen Lösungsvorschlag zu entwickeln, welcher beim *Revise* dann verifiziert wird. Sollte eine hier abgelehnte Lösung für späteren Gebrauch gespeichert werden, geht das System bereits in die Wartungsphase über. [Roth-Berghofer und Iglezakis 2001, Seite 3]

Die Wartungsphase umfasst die drei Schritte *Retain*, *Review* und *Restore*. Das *Retain* hat grundsätzlich die Aufgabe die neuen Erfahrungen zu sichern, aber auch verworfene Lösungsansätze des *Revise* können hier berücksichtigt werden. [Roth-Berghofer und Iglezakis 2001, Seite 4] Das *Review* überwacht die Qualität der Fallbasis und deckt Konflikte innerhalb und zwischen Fällen mit Hilfe der Falleigenschaften auf. Außerdem wird beim Review entschieden, wann der zweite zusätzliche Schritt *Restore* durchgeführt werden soll, bei welchem die nötigen Änderungen an der Fallbasis vorgenommen werden, um die festgestellten Konflikte zu beheben [Iglezakis 2001, Seite 1].

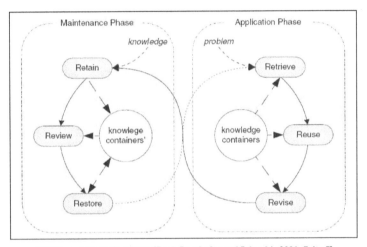

Abbildung 2: Der 6R-Zyklus [Roth-Berghofer und Iglezakis 2001, Seite 5]

Die Methode des Konfliktgraphen wird verwendet um innerhalb einer Fallbasis eine Untermenge an Fällen zu finden, welche auf Grund ihrer Konflikte modifiziert werden müssen, damit die Fallbasisqualität ausgebaut und sichergestellt werden kann. [Iglezakis 2001, Seite 1] Um den Konfliktgraphen zu erhalten sind mehrere Schritte notwendig [Iglezakis 2001, Seite 4ff]:

Schritt 1: Einzel-Konflikt-Indikator
Hierbei werden die Fälle der Fallbasis hinsichtlich der jeweils betrachteten Falleigenschaften gegeneinander getestet um mögliche Konflikte aufzudecken.

Schritt 2: Konflikt-Indikator-Menge
An dieser Stelle werden die Einzel-Konflikt-Indikatoren ausgewählt, welche einen neuen Konflikt-Indikator festlegen. Hier wird entschieden, welche Konflikte beim resultierenden

Konfliktgraphen betrachtet werden. Die Menge an unterschiedlichen Konflikt-Indikator-Mengen ist daher begrenzt durch alle Möglichen Kombinationen der betrachteten Falleigenschaften, beziehungsweise durch die Formel $2^n - 1$, wobei n die Anzahl der insgesamt betrachteten Falleigenschaften ist.

Schritt 3: Konflikt-Indikator
Der Konflikt-Indikator wird zusammengesetzt aus Einzel-Konflikt-Indikatoren, bestimmt durch die Konflikt-Indikator-Menge. Er zeigt die Art der Konflikte, jeweils zwischen 2 Fällen, beziehungsweise eine leere Menge, sollten alle betrachteten Falleigenschaften erfüllt sein und es keine Konflikte gäbe.

Schritt 4: Konfliktgraph
Der vollständige Konfliktgraph visualisiert somit alle hinsichtlich der Falleigenschaften auftretenden Konflikte, jeweils zweier Fälle innerhalb einer Fallbasis, wie sie durch den Konflikt-Indikator angedeutet wurden.
Ein Konflikt zwischen zwei Fällen wird mittels einer Kante als Verbindung dargestellt, dessen Beschriftung den Konflikt benennt. Es besteht zudem die Möglichkeit, dass innerhalb einer Fallbasis mehrere Konfliktgraphen existieren, welche untereinander jedoch nicht in Verbindung stehen. (siehe Abbildung 3)
Ferner verbessert eine Gruppierung von Konfliktfällen die Übersichtlichkeit und erleichtert somit die Navigation und Lesbarkeit innerhalb des Konfliktgraphen.

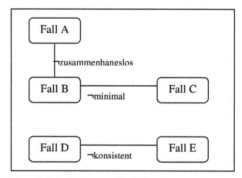

Abbildung 3: Beispiel für zwei Konfliktgraphen in einer Fallbasis

Schritt 5: Unabhängiger Graph
Nachdem entschieden wurde, welche Änderungen vorgenommen werden müssen um die Konflikte zu beseitigen und man diese Änderungen dann vollzogen hat, erhält man den unabhängigen Graphen. Man erhält also einen Graphen ohne Kanten, beziehungsweise ohne Konflikte. Konfliktfälle werden entweder so modifiziert, dass sie keine Konflikte mehr verursachen, oder sie werden direkt gelöscht. Jedoch ist es nicht sinnvoll zu viele

Fälle aus der Fallbasis zu löschen, da dies neben den entstehenden Änderungskosten auch zu einem Wissensverlust führen kann.

Schritt 6: Optimale Untermenge

Es besteht die Möglichkeit, eine optimale Untermenge der Konfliktfälle zu finden, welche nach der Optimierung einen unabhängigen Graphen darstellt. Eine solche Suche nach der optimalen Untermenge erfolgt anhand einer Kostenfunktion, welche das Optimierungsziel festsetzt. Der Fallbasis-Administrator kann auf drei Arten Einfluss auf diese Suche nehmen.

- Wenn es mehr als eine Lösung für die optimale Untermenge gibt, kann er entscheiden, welche Lösung für die aktuelle Situation angemessen ist.
- Er kann die Fälle markieren, welche auf jeden Fall in der optimalen Untermenge enthalten sein sollen.
- Er kann die Fälle markieren, welche auf keinen Fall in der optimalen Untermenge enthalten sein sollen.

Eine Methode um die Konflikte aus der Fallbasis zu entfernen ist ein einfacher Algorithmus [Iglezakis 2001, Seite 9]. Als Eingabe hat er eine Menge an Konfliktfällen. Dann wird, solange der Graph nicht unabhängig ist, eine Schleife durchlaufen. In jedem Schleifendurchlauf wird der Fall, der die meisten Konflikte mit anderen Fällen hat ermittelt und anschließend aus der Fallbasis entfernt. Man erhält also als Ausgabe des Algorithmus garantiert einen unabhängigen Graphen.

Ein Vorteil des Konfliktgraphen ist zunächst, dass er auch bei großen Fallbasen anwendbar ist. Ebenfalls von Vorteil ist die kompakte Veranschaulichung von Fällen, welche die Falleigenschaften nicht erfüllen. Es besteht außerdem die Möglichkeit der Interaktion mit dem Administrator, der somit entscheiden kann, welche Fälle verändert werden müssen, um die Qualität der Fallbasis zu erhöhen. Hierbei ist jedoch zusätzlich darauf zu achten, so wenige Änderungen wie möglich durchzuführen, da sich zu viele Änderungen zum Nachteil entwickeln können, weil jede Modifizierung an der Fallbasis Aufwand und Kosten birgt [Iglezakis 2001, Seite 7].

Beispiel:

In diesem Beispiel wird die Fallbasis aus Abbildung 1 (siehe Abschnitt 2, Seite 4) herangezogen. Es werden zur Vereinfachung jedoch lediglich die Falleigenschaften Einzigartigkeit und Konsistenz betrachtet.

Einzel-Konflikt-Indikator:

Hinsichtlich der Falleigenschaften lassen sich folgende Konflikte feststellen.

Einzigartigkeit:

Fall 1 und 4 haben einen Konflikt.

Fall 2 und 11 haben einen Konflikt.

Fall 2 und 12 haben einen Konflikt.

Fall 11 und 12 haben einen Konflikt.

Konsistenz:

Fall 1 und 3 haben einen Konflikt.

Fall 3 und 4 haben einen Konflikt.

Fall 2 und 13 haben einen Konflikt.

Fall 11 und 13 haben einen Konflikt.

Fall 12 und 13 haben einen Konflikt.

Konflikt-Indikator-Menge:

Da hier nur zwei Falleigenschaften betrachtet werden gibt es nur $2^2 - 1 = 3$ mögliche Konflikt-Indikator-Mengen. („Einzigartigkeit", „Konsistenz", „Einzigartigkeit und Konsistenz") Wir verwenden die Konflikt-Indikator-Menge „Einzigartigkeit und Konsistenz".

Konflikt-Indikator:

Fall 1 und 4 → nicht einzigartig

Fall 2 und 11 → nicht einzigartig

Fall 2 und 12 → nicht einzigartig

Fall 11 und 12 → nicht einzigartig

Fall 1 und 3 → nicht konsistent

Fall 3 und 4 → nicht konsistent

Fall 2 und 13 → nicht konsistent

Fall 11 und 13 → nicht konsistent

Fall 12 und 13 → nicht konsistent

Konfliktgraph:

Die resultierenden Konfliktgraphen (siehe Abbildung 4, Seite 11) zeigen nun die Konflikte zwischen den Fällen hinsichtlich der Falleigenschaften Einzigartigkeit und Konsistenz.

Das Beispiel zeigt außerdem, dass die Methode des Konfliktgraphen tatsächlich gut geeignet ist um problematische Fälle aufzudecken.

In Abbildung 4 sieht man zwei sich ergebende Konfliktgraphen. Die Fälle 1, 3 und 4 bilden den Graph A und die Fälle 2, 11, 12 und 13 den Graph B. Es wird deutlich, dass letztere mit jeweils 3 Konflikten die problematischsten Fälle darstellen.

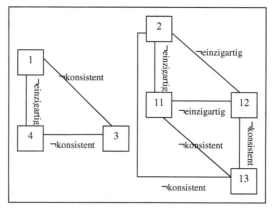

Abbildung 4: Konfliktgraphen A und B zum Beispiel

Würde man nun den oben beschriebenen Algorithmus zum Entfernen von Konflikten anwenden, würde man die Graphen A und B getrennt betrachten.

Graph A:

Alle Konfliktfälle haben mit zwei Konflikten gleich viele, sodass hier in aufsteigender Nummerierungsreihenfolge gelöscht wird. In der Realität wäre dies ein Moment, wo der Fallbasisadministrator befragt werden könnte, welcher Fall gelöscht werden soll.

Hier wird Fall 1 als erstes entfernt und anschließend Fall 3, da Fall 3 und Fall 4 beide einen Konflikt miteinander haben. Es bleibt also einzig Fall 4 erhalten.

Graph B:

Auch hier haben alle Fälle mit drei Stück gleich viele Konflikte, sodass wieder entsprechend der Nummerierungsreihenfolge eliminiert wird. Zunächst entfernt der Algorithmus daher Fall 2. Es bleiben die Fälle 11, 12 und 13 mit jeweils 2 Konflikten. Folgend werden daher zunächst Fall 11 und anschließen Fall 12 aus der Fallbasis entfernt, sodass lediglich Fall 13 verbleibt.

Anschließend wären die Graphen unabhängig mit den restlichen Fällen 4 und 13, das heißt die Fallbasis weißt keine Konflikte mehr hinsichtlich der Einzigartigkeit und Konsistenz auf.

Der hier dargestellte Ansatz des Konfliktgraphen, beruht auf der Arbeit von Iglezakis [Iglezakis 2001], in welcher die Idee des Konfliktgraphen noch vertiefender behandelt wird.

3.2   Fall-Hinzufüg-Methode vs. Fall-Lösch-Methode

Wenn die Fallbasis im Laufe der Zeit zu groß wird und das Retrieval auch entsprechen teurer und aufwendiger wird, spricht man auch vom sogenannten „Swamping-Problem" (to swamp – überschwemmen), die Fallbasis läuft gewissermaßen über [Zhu und Yang 1998, Seite 2]. Um dem entgegenzuwirken muss man versuchen, die Größe der Fallbasis zu verringern ohne dabei an Qualität und Performance zu verlieren.

Besonders naheliegend ist hierbei die Idee, Fälle aus der Fallbasis zu löschen. Dieser Ansatz wurde stark von Barry Smyth und Mark Keane verfolgt und geprägt. Obwohl die Fall-Hinzufüg-Methode in die andere Richtung denkt, haben die beiden Ansätze dennoch einiges gemeinsam. Im Folgenden werden beide Ideen vorgestellt und gegenübergestellt.

Beide Methoden sind Fallverdichtungsmethoden welche im Kern die gleiche Klassifizierung der in der Fallbasis enthaltenen Fälle hinsichtlich der Abdeckung und der Erreichbarkeit verwenden.

Die Abdeckung wird allgemein daran gemessen wie viele Probleme gelöst werden können [Zhu und Yang 1998, Seite 2]. Eine Fallbasis, welche in ihrer Domain alle Anfragen, die an sie gestellt werden zufriedenstellend beantworten kann hat beispielsweise eine 100%ige

Abdeckung. Entsprechendes gilt für die Fälle. Je mehr eintreffende Probleme durch einen Fall gelöst werden können, desto höher ist die Abdeckung dieses Falles.

Die Abdeckung kann auch als Nachbarschaft bezeichnet werden. Angenommen es gibt einen Fall C. Fälle, die in der Nachbarschaft von C liegen sind solche, die anhand von C abgebildet werden können, also zu C ähnlich sind. Die Lösungen der Fälle in der Nachbarschaft sind daher auch ähnlich, können also durch relativ geringen Aufwand an C angepasst werden. Somit ist die Abdeckung oder auch Nachbarschaft bestimmt durch eine Ähnlichkeitsmetrik und die Anpassungskosten. [Zhu und Yang 1998, Seite 2]

Die Erreichbarkeit wird definiert durch die Menge an Fällen in einer Fallbasis, die verwendet werden können um Lösungen für ein Problem zu finden. [Zhu und Yang 1998, Seite 2] Sowohl bei der Fall-Hinzufüg-Methode, als auch bei der Fall-Lösch-Methode werden die Fälle klassifiziert. Man unterscheidet zwischen Schlüsselfällen (pivotal), hilfreichen Fällen (auxiliary), unterstützenden Fällen (support) und verbindenden Fällen (spanning). [Zhu und Yang 1998, Seite 2f] Demnach wird ein Fall als Schlüsselfall eingestuft, wenn er als einziger Fall in der Fallbasis ein bestimmtes Problem lösen kann und daher nicht auf ihn verzichtet werden kann. Als hilfreich bezeichnet man Fälle, die vollständig durch andere Fälle der Fallbasis zusammengefasst werden können. Unterstützende Fälle findet man in Fallgruppierungen, wo sie eine bestimmte Idee oder einen Lösungsansatz unterstützen. Die verbindenden Fälle schlagen die Verbindung zwischen Bereichen, die von anderen Fällen abgedeckt werden. Deutlicher werden die unterschiedlichen Falltypen in Abbildung 5.

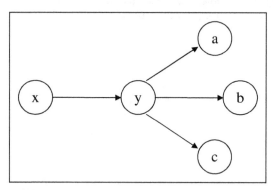

Abbildung 5: Fallbasisstruktur [Zhu und Yang 1998, Seite 3]

Hierbei ist x ein Schlüsselfall, y ein verbindender Fall und die Fälle a, b und c sind hilfreiche Fälle.

Bei der Fall-Lösch-Methode (footprint deletion = FD, bzw footprint-utility deletion = FUD) nach Smyth and Keane werden zunächst anhand einer festen Reihenfolge Fälle gelöscht, bis die Fallbasis die gewünschte Größe erreicht hat. Gemäß der Reihenfolge werden zunächst die hilfreichen Fälle gelöscht, dann die unterstützenden, anschließend die verbindenden und zuletzt die Schlüsselfälle [Zhu und Yang 1998, Seite 3].

Es gibt jedoch noch andere Löschansätze, bei denen beispielsweise per Zufallsmechanismus Fälle aus der Fallbasis entfernt werden [Markovich und Scott, 1988], oder die Fälle mit der geringsten Häufigkeit gelöscht werden [Minton, 1990], das heißt die Fälle, welche am wenigsten zum Lösen eines Problems ausgewählt werden.

Hierbei wird der größte Nachteil des Fall-Lösch-Ansatzes gegenüber dem Fall-Hinzufüg-Ansatz deutlich. Dadurch, dass Fälle aus der Fallbasis gelöscht werden, kann es zu einem Wissensverlust kommen, welcher je nach Löschansatz teilweise sehr prägnant ausfallen kann, wenn beispielsweise beim zufälligen Löschen die Fälle entfernt werden, welche als Schlüsselfälle gelten oder solche die bisher am häufigsten ausgewählt wurden. Hierbei würde der FD/FUD-Ansatz von Smyth und Keane hingegen noch am ehesten versuchen, die Kompetenz der Fallbasis zu erhalten, da er die Fälle entsprechend ihrer vermeintlichen Wichtigkeit für die Fallbasis sortiert.

Beim Hinzufüg-Ansatz gilt ein Fall als „gut" wenn, er eine große Nachbarschaft aufweist, also eine große Abdeckung hat. Ebenso wird die Frequenz mit der ein Fall ausgewählt wird berücksichtigt [Zhu und Yang 1998, Seite 3]. Es wird eine neue leere Fallbasis verwendet, zu welcher bis zur gewünschten Größe Fälle aus der zu wartenden Fallbasis hinzugefügt werden. Soll nun eine Fallbasis FB_neu mit maximal x Fällen aus einer Fallbasis FB gefüllt werden, so lässt sich der Hinzufüg-Algorithmus wie folgt beschreiben [Zhu und Yang 1998, Seite 4]:

- Bestimme für jeden Fall aus der bisherigen Fallbasis FB die Nachbarschaft / Abdeckung.
- Erstelle eine neue leere Fallbasis FB_neu.
- Füge nun aus FB solange Fälle mit jeweils maximalem Gewinn zu FB_neu hinzu, bis die gewünschte Größe x erreicht ist oder bis keine Fälle mehr übrig sind.

Die Fälle mit dem maximalen Gewinn sind hierbei die mit der größten Nachbarschaft und die mit der höchsten Frequenz. Es ist allerdings auch denkbar an dieser Stelle ein anderes Kriterium für den Gewinn heranzuziehen, solange es sinnvoll ist und einen Nutzen birgt.

Ein Vorteil der Hinzufüg-Methode ist, dass man eine untere Schranke für die Kompetenz der resultierenden Fallbasis festlegen kann [Zhu und Yang 1998, Seite 1]. Man kann ein Kompetenzziel setzen und solange die gewinnbringendsten Fälle hinzufügen, bis dieses Ziel erreicht wird.

Außerdem herrscht keine Gefahr des Wissensverlusts, da die komplette Fallbasis untersucht wird hinsichtlich des möglichen Gewinns den ein Fall mit sich bringen würde und dann jeweils die „besten" Fälle hinzugefügt werden. Weiterhin wird eine bestmögliche Abdeckung der resultierenden Fallbasis gewährleistet.

Beispiel:

Fall-Lösch-Methode (FD):

Nimmt man die Fallbasis aus Abbildung 5 als Ausgangsfallbasis und setzt die gewünschte Fallbasisgröße auf 2, so würden lediglich die Fälle a, b und c gelöscht werden, da es die 3 hilfreichen Fälle sind und sie laut Reihenfolge als erstes gelöscht werden müssen.

Fall-Hinzufüg-Methode:

Hierbei müsste festgestellt werden, welche Fälle am Häufigsten ausgewählt werden und welche die größte Nachbarschaft haben. Für die Nachbarschaft N gilt hier beispielsweise: $N(x) = \{x, y\}$, $N(y) = \{y, a, b, c\}$, $N(a) = \{a\}$, $N(b) = \{b\}$, $N(c) = \{c\}$, sodass, wenn allein die Nachbarschaft betrachtet wird, x und y hinzugefügt werden um die Größe 2 zu erreichen.

→ In diesem Fall würden beide Methoden zum gleichen Ergebnis führen.

Die beiden Methoden wurden basierend auf der Arbeit von Zhu und Yang [Zhu und Yang 1998] präsentiert, in der noch vertiefender auf die beiden Ansätze eingegangen wird indem sie stärker analysiert und gegenübergestellt werden, unter anderem im Hinblick auf die optimale resultierende Fallbasis.

3.3   Performancebasierter Ansatz

Dieser Wartungsansatz zielt auf eine möglichst kompakte und kompetente Fallbasis als Resultat vom Löschen oder Hinzufügen von Fällen ab. Hierbei werden zwei wichtige Ziele hinsichtlich der Performance verfolgt. Zum einen das Verdichten der Fallbasis zwecks einer Erhöhung der Systemeffizienz und zum Lösen des Swamping-Problems und zum anderen maximale Kompetenz als unabdingbare Vorraussetzung zum effizienten Lösen von Problemen. [Leake und Wilson 2000, Seite1f]

Der Ansatz hat Ähnlichkeit zur Fall-Hinzufüg-Methode und zur Fall-Lösch-Methode, jedoch wird hier ein höheres Augenmerk gelegt auf Performancekriterien und Performancemetriken für das Hinzufügen beziehungsweise Löschen [Leake und Wilson 2000, Seite 2].

Um Entscheidungen zu treffen, wird zwischen Top-Level-Zielen und instrumentellen Zielen unterschieden, wobei ein instrumentelles Ziel ein Top-Level-Ziel unterstützt um dies zu erreichen. Bei den Top-Level-Zielen wird zwischen drei Typen unterschieden [Smyth und McKenna 1999]:

- Ziele hinsichtlich der Problemlöseeffizienz, wie zum Beispiel die Zeit, die durchschnittlich benötigt wird um ein Problem zu lösen, so gering wie möglich zu halten.

- Kompetenzziele, zum Beispiel dass möglichst viele Probleme gelöst werden können

- Ziele hinsichtlich der Lösungsqualität, beispielsweise das Minimieren des Lösungs-
  fehlers.

Außerdem werden vier Einschränkungen der Fallbasis-Wartung berücksichtigt [Leake und
Wilson 2000, Seite 2f]:

- Die Größe einer Fallbasis ist nicht unendlich
- Es muss ein vertretbarer Kompromiss zwischen langfristiger und kurzfristiger Per-
  formance gefunden werden
- Zukünftig eintreffende Probleme haben ein bestimmtes Profil, mit welchem die
  Fallbasis umgehen können muss
- Die Verfügbarkeit von weiteren Quellen für Fälle muss gesichert sein.

Jede Kombination aus diesen Einschränkungen führt je nach Situation und Anforderung zu
einer unterschiedlichen Wartungsstrategie.

Bei der performancebasierten Fallbasisverdichtung werden zwei Metriken verwendet
[Leake und Wilson 2000, Seite 3f].
Zum einen die Metrik des relativen Performancegewinn, welche vorhersagen soll, welchen
Performancegewinn ein Fall beim Hinzufügen liefern würde. Sie identifiziert den Fall mit
dem höchsten Performancegewinn, angesichts der derzeitigen Inhalte der Fallbasis und
fügt ihn hinzu, oder identifiziert den mit dem geringsten Performancegewinn und löscht
diesen.
Die zweite Metrik ist die relative Performancemetrik. Sie wählt die anpassbarsten Fälle
aus, indem sie für jeden Fall der Fallbasis den Anpassbarkeits-Performancegewinn misst,
wobei verglichen wird, welche Einsparung hinsichtlich der Anpassbarkeitskosten durch
diesen Fall erreicht werden können. Die Einsparungen durch den neuen Fall werden in
Prozent ermittelt im Vergleich zu den schlechtesten alternativen Fällen der Fallbasis, die
ein Problem lösen können.
In der Praxis beruht die Beurteilung der Anpassbarkeit meist auf einer vorher festgesetzten
Anpassungsaufwandsgrenze, also der Aufwand den man bereit ist in Kauf zu nehmen um
eine Lösung zu finden. Zunächst lässt sich feststellen, dass je höher die Anpassungsaufwandsgrenze, desto geringer ist der Druck einen unmittelbar benachbarten, ähnlichen Fall
auszuwählen. Da die Grenze höher liegt, kann man höhere Anpassungskosten akzeptieren,
welche daraus resultieren, dass man weiter entfernt liegende Fälle auswählt. Bei einem
geringeren Grenzwert wird daher die Fallreichweite stärker ausgenutzt um die Anpassungskosten zu minimieren. [Leake und Wilson 2000, Seite 4f]

Ein Nachteil der Performancemetriken ist, dass nach jedem Hinzufügen oder Löschen neu
berechnet wird, welcher Fall, im Hinblick auf den gesamten Inhalt der Fallbasis, den
höchsten beziehungsweise geringsten Performancegewinn birgt. Je größer die Fallbasis,
desto höher werden die Kosten. Dem könnte man jedoch Abhilfe schaffen, indem man zu

Beginn der Fallbasisverdichtung einmalig den Performancegewinn jedes Falles ermittelt und die Verdichtung allein mit diesen Werten durchführt. [Leake und Wilson 2000, Seite 4]

Beispiel:

Ein Beispiel für diesen Ansatz zu finden gestaltet sich schwer. Man muss im Grunde festlegen welche Top-Level-Ziele erreicht werden sollen, entscheiden ob man die relative Performancegewinnmetrik oder die relative Performancemetrik anwendet und dann je nachdem welche Metrik man auswählt die Fälle der Ausgangsfallbasis hinsichtlich der Performancekriterien untersuchen, das heißt entweder im Hinblick auf den möglichen Performancegewinn eines Falles oder auf die Anpassungsaufwandseinsparungen die durch einen Fall erreicht werden können.

Der performancebasierte Ansatz wurde anhand der Arbeit von Leake und Wilson [Leake und Wilson 2000] beschrieben. Dort können werden die Ideen weiter vertieft und es wird beispielsweise noch intensiver auf den Vergleich zwischen den Metriken in unterschiedlichen Situationen eingegangen.

3.4   Konsistenzmanagement

Das Konsistenzmanagement ist ein präventiver Ansatz, der sich damit beschäftigt Konsistenzproblemen zu verhindern, welche vor allem in großen Fallbasen auftreten. Die wachsende Größe der Fallbasis und das Hinzufügen falscher oder unvollständiger Fälle können zu Widersprüchen, Inkonsistenz, schlechterer Performance und falschen oder gar keinen Lösungen führen. [Racine und Yang 1996, Seite 1]

Die Idee hierbei ist es, mögliche Konflikte hinsichtlich der Falleigenschaften, wie etwa Intra- und Inter-Case-Inkonsistenzen oder die Inkorrektheit von Fällen, durch ein Regelwerk bereits beim Entstehen, das heißt beim Hinzufügen eines Falles zur Fallbasis, zu erkennen. Somit verfolgt das Konsistenzmanagement einen vorbeugenden Ansatz, während andere Wartungsmethoden für Fallbasen sich mit Konflikten innerhalb der Fallbasis erst beschäftigen, wenn diese sich schon darin befinden.

Zur Realisierung eines solchen Systems gibt es die Idee eines Überprüfungsmoduls mit folgenden Kernaufgaben [Racine und Yang 1996, Seite 5]:

- Inkonsistenz ermitteln und beim Feststellen den Benutzer informieren.
- Inkonsistenz korrigieren durch vollautomatische oder interaktive Korrektureinrichtungen.
- Inkonsistenz vorbeugen durch ein regelbasiertes System, welches anhand der bisherigen Werte Schlussfolgerungen auf mögliche andere Werte erlaubt.

Für die Beurteilung der Fallbasis werden als Kriterien die Falleigenschaften herangezogen (siehe Abschnitt 2, Seite 4ff), sowie der Änderungsaufwand, die Abdeckung, die Erreichbarkeit, die Relevanz eines Falles und die entstehenden Abfragekosten [Racine und Yang 1996, Seite 2f].

Der Vorteil des Konsistenzmanagements ist, dass man nicht mehr aufwändig die gesamte Fallbasis auf Probleme untersuchen muss, sondern lediglich im Moment des Einfügens des Falles, anhand des Regelwerkes, kontrolliert, ob Probleme entstehen würden. Dies gilt allerdings nur unter der Vorraussetzung, dass man das Konsistenzmanagement ab dem Zeitpunkt des Erstellens der Fallbasis verwendet.
Nachteilig hierbei ist jedoch, dass die Zahl an Fällen, auf welche die Regeln angewandt werden müssen mit wachsender Fallbasisgröße auch wächst und die Überprüfung auf mögliche resultierende Probleme dadurch immer aufwändiger wird und mehr Zeit beansprucht.

Beispiel:

Verwendet man wieder die Fallbasis aus Abbildung 1 (siehe Abschnitt 2, Seite 4), so sind folgende Regeln, sowohl für die automatische als auch für die interaktive Fehlerprävention denkbar:

Automatische Fehlerprävention anhand bisheriger Werte und korrigieren inkorrekter Fälle:
Der Fall 8 enthält beim Attribut Marke den Wert „BMW" und bei Modell die Ausprägung „120d". Somit kann das System aus den bisherigen Werten, auf Grund des „d" in der Modellbezeichnung, die Treibstoffart „Diesel" schlussfolgern und nachtragen.

Der Fall 9 enthält beim Attribut Marke den Wert „BMW", bei Modell die Ausprägung „650i" und bei Baujahr den Wert „2008". Aus diesen Werten lässt sich ableiten, dass dem Attribut Leistung der Wert „367" anstatt „376" zugewiesen werden muss. An dieser Stelle korrigiert das System den fehlerhaften Wert. Dieser kann beispielsweise durch einen Zahlendreher seitens des Benutzers entstanden sein.

Interaktive Fehlerprävention:
Der Fall 10 enthält unter anderem beim Attribut Marke den Wert „BMW". An dieser Stelle kann das System für das Attribut Kraftübertragung die Ausprägung „Vorderradantrieb" ausschließen und dem Benutzer als Auswahl für dieses Attribut „Hinterradantrieb" oder „Allradantrieb" zur Auswahl stellen.

Das Konsistenzmanagement wie es hier vorgestellt wird, findet man in genauerer Ausführung in der Arbeit von Racine und Yang [Racine und Yang 1996]. Darin werden die Gründe für mögliche Inkonsistenzen, sowie eine Symbolik zur Abstrahierung von Merkmalsausprägungen genauer erläutert. Anhand der verwendeten Symbole soll unter anderem das Finden von Verstößen erleichtert werden.

3.5   Das Nutzen von Widersprüchen

In den meisten Expertensystemen wird nicht ohne Grund alles daran gesetzt Widersprüche zu vermeiden. Existieren in einer Fallbasis Regeln, welche zu Widersprüchen führen, kann das System, welches mit diesen Regeln arbeitet, auf Grund der Widersprüche gerechtfertigt irgendeine Antwort geben, welche dem Benutzer nicht weiterhilft. Bereits bei einem Widerspruch innerhalb der Fallbasis kann es zu einem Kollaps des Systems führen. Diese Einstellung ist weit verbreitet, auch in anderen Bereichen der künstlichen Intelligenz. [Poulin u. a. 1993, Seite 1]

Man geht im Allgemeinen von einem einzelnen, wahren und daher auch unbestreitbaren Zustand der Welt aus, hinsichtlich welchem das System Lösungen finden soll und andere konkurrierende Ansichten und Interpretationen dieses Zustandes ignorieren soll. Auch klassische und auf Logik basierende Systeme schließen Widersprüche in jeder Art aus. Demnach ist eine Behauptung entweder wahr oder falsch, nicht beides gleichzeitig. [Poulin u. a. 1993, Seite 1f]

Es gibt jedoch Ansätze, die deutlich machen, dass es zum einen überflüssig ist, Widersprüche zu vermeiden und zum anderen, das es sogar Sinn machen kann und von Vorteil sein kann, wenn man Widersprüche in die Entscheidungsfindung mit einbezieht, indem man sie beispielsweise in die Regelbasis eines Expertensystems einbindet. Der Sinn darin wird deutlich, wenn man Beispiele menschlicher Entscheidungsfindung aus der realen Welt heranzieht. Man zieht die unterschiedlichsten Quellen zu Rat und holt dabei verschiedene, sich teilweise auch widersprechende Argumente ein, welche man dann miteinander vergleicht, ohne dass es „zum Kollaps kommt". [Poulin u. a. 1993, Seite 2]

Wenn man zum Beispiel plant in den Urlaub zu fliegen und hierzu drei Freunde befragt, welche vermeintliche Urlaubsexperten sind, erhält man sehr wahrscheinlich drei unterschiedliche Regeln, auf Grund drei unterschiedlicher Meinungen:

- Urlaub außerhalb Europas → Flüge sind zu teuer.
- Flüge nach Afrika → sind relativ günstig.
- Urlaub in den USA um Nationalparks zu besichtigen → Sind ihren Preis wert.

Alle drei Regeln widersprechen sich gegenseitig, beziehungsweise lassen sich nicht vereinen und trotzdem bricht der Mensch, der sich entscheiden muss, nicht zusammen, sondern wägt zwischen den Alternativen ab.

Ein erster Ansatz für ein System, welches Widersprüche toleriert, wäre es, die Unterschiede zwischen den Argumenten zu bewerten und die Argumente anschließend entsprechend zu ordnen [Poulin u. a. 1993, Seite 2]. Weiterhin kann es sinnvoll sein, zunächst nur eine Regel zu betrachten, um zu prüfen, zu welcher Lösung es führt und anschließend ebenso mit den anderen Regeln zu verfahren. So kann es auch passieren, dass verschiedene Regeln zur gleichen Lösung führen, was die Entscheidungsfindung erleichtern würde. Widerspruchsregeln können helfen, eine Entscheidung zu treffen, indem man das System für jede mögliche Lösung das beste Argument finden lässt. Besser als irgendwelche Gewichtungen für Regeln in der Wissensbasis dienen somit Widersprüche, als geeigneter Weg um dem Benutzer intelligente und wohlüberlegte Entscheidungen zu erlauben. [Poulin u. a. 1993, Seite 3] Aussagen wie „Du solltest mit einer Wahrscheinlichkeit von 67,8% nach Afrika fliegen" sind weniger hilfreich und enthalten weniger Information als „Du solltest innerhalb Europas Urlaub machen, obwohl die USA und auch Afrika attraktive Urlaubsziele darstellen. Hier sind Argumente für die Alternativen:[…]".

Ein Expertensystem ist somit nützlicher, wenn es nicht nur eine Lösung, sondern obligatorisch eine Auswahl an alternativen Lösungen vorschlägt, oder es für jede mögliche Lösung das beste Argument liefert.

Für die Implementierung eines Systems, welches mit Widerspruchsregeln arbeitet bietet sich eine mehrstufige Architektur an, welche sich in eine Objektebene und eine oder mehrere Metaebenen unterteilt. Man spricht vom Subtask-Management als Architekturtyp [Poulin u. a. 1993, Seite 3f]. Das von Experten gelieferte Basiswissen wird durch Regeln ausgedrückt und in der Objektebene abgelegt. Hier empfiehlt sich eine Gruppierung der regeln, entweder nach Experten oder nach Themen, um die benötigten Regeln schneller zu finden [Poulin u. a. 1993, Seite 4]. Die Metaebenen kontrollieren den Entscheidungsfindungsprozess, indem sie auf die Regeln in der Objektebene zugreifen.

Zu jedem Thema können mehrere vergleichbare Regeln in der Objektebene existieren, weshalb diese Regeln jeweils mit Attributen für ihre Beziehungen untereinander angereichert sind. Somit können die Metaebenen mit ihnen arbeiten. Jede Regel enthält hierfür in den Attributen vier Listen [Poulin u. a. 1993, Seite 4] für…

- …dieser Regel direkt widersprechende Regeln.
- …dieser Regel entgegen gesetzte Regeln.
- …diese Regel unterstützende Regeln.
- …abwechselnde Regeln.

Es findet eine Trennung zwischen dem Verfahrenswissen in den Metaebenen und der Regelrepräsentation in der Objektebene statt. Somit können durch das Metawissen verschiedene Argumentationsstrategien entwickelt werden, welche auf den Regeln der Objektebene operieren, abhängig vom Standpunkt des Benutzers, welchen das System vertritt. Hierfür muss das System aus den Regeln die Argumente generieren, welche diesen Standpunkt bestmöglich unterstützen. Auf Grund der unterschiedlichen Regeln, können auch unterschiedliche Schlussfolgerungen und Lösungen existieren, wobei das System dann entscheiden muss, welcher Lösungsansatz das Ziel „am besten" erreicht. Es muss erkennen, an welcher Stelle ein anderer Kurs eingeschlagen werden kann und welche Konsequenzen dieser mit sich bringt. Ebenfalls ist es sinnig, das beste Argument gegen einen Standpunkt generieren zu lassen um eventuelle Schwächen des Standpunktes aufzudecken. [Poulin u. a. 1993, Seite 5f].

Es gibt also eine ganze Menge an Punkten, die das System berücksichtigen muss, damit es zu einer bestmöglichen Entscheidung für den Standpunkt des Benutzers kommen kann, welche sich erklären und rechtfertigen lässt.

Die Vorteile dieses Ansatzes bestehen vor allem im Finden der Argumente für und gegen einen Standpunkt, wodurch man gut die Stärke oder Schwäche eines Falles feststellen. Dem Benutzer können verschiedene mögliche Handlungsalternativen aufgezeigt werden mit Argumenten dafür und dagegen und nicht nur eine Lösung, auf die er sich dann verlassen muss.

Beispiel:

Am Besten lässt sich dieser Ansatz anhand des Themas „Rechtsstreit" verdeutlichen.

Zwei Parteien haben einen unterschiedlichen Standpunkt und versuchen diesen bestmöglich zu verteidigen. Hierbei operieren sie auf der gleichen Objektebene, kommen jedoch auf Grund des unterschiedlichen Ausgangsstandpunktes zu völlig verschiedenen Argumenten. Für die bestmögliche Verteidigung ist es sinnvoll sich die besten Argumente für und gegen den eigenen Standpunkt liefern zu lassen um sich eventuelle Schwächen aufzeigen zu lassen, auf die der Gegner eingehen könnte. Als Verfahrenswissen könnte beispielsweise der übliche Verteidigungsstil der Gegenseite gesehen werden, welchen man zusätzlich bei der Argumentation berücksichtigen könnte.

Noch anschaulicher wird der Nutzern und die Verwendung von Widersprüchen in einer Fallbasis in der Arbeit von Poulin u. a. [Poulin u. a. 1993] dargestellt, auf welcher diese Ausführungen beruhen. Darin wird noch vertiefender auf Widerspruchsmanagementsysteme und deren Möglichkeiten eingegangen, wie beispielsweise dem Benutzer nur Alternativen aufzuzeigen, sondern ihm auch anhand seiner Eingaben Zustimmungen zu geben und diese anhand von Argumenten zu untermauern.

4   Gegenüberstellung

Rückblickend lassen sich die hier vorgestellten Ansätze unterteilen in die Gebiete Prävention (Konsistenzmanagement) und Korrektur (Konfliktgraph, Ansätze des Löschen und Hinzufügen, performancebasierter Ansatz), während die Idee der Widerspruchsakzeptanz eine komplett neue Organisation der Fallbasis vorsieht.

Der Vorteil des präventiven Ansatzes liegt auf der Hand. Dank des Konsistenzmanagements kann verhindert werden, dass es zu neuen Problemen innerhalb der Fallbasis kommen kann, jedoch können die hierzu benötigten Vergleiche mit der restlichen Fallbasis zuweilen sehr teuer werden.

Beim Bereich der Korrektur wird im Wesentlichen versucht die Größe der Fallbasis zu reduzieren und in diesem Zuge Konflikte zu eliminieren und die Qualität der Fallbasis zu erhöhen. Die effektive Komprimierung und Größenreduktion bildet also den Vorteil dieses Bereichs, allerdings findet man genau hier auch den größten Nachteil. Durch das Entfernen von Fällen aus der Fallbasis nimmt man einen teilweise gravierenden Wissensverlust in Kauf.

Die Neustrukturierung des Systems zur Toleranz und Einbringung von Widersprüchen bei der Entscheidungsfindung ist mit den restlichen Ansätzen kaum vergleichbar. Dies liegt an den komplett entgegen gesetzten Zielen die verfolgt werden. Die hier erwünschten Widersprüche werden von den anderen Ansätzen vermieden und entfernt. Sicherlich ist es von Vorteil, wenn ein System dem Benutzer verschiedene alternative Lösungen liefern kann, jedoch muss hierbei berücksichtigt werden, ob der Benutzer dies überhaupt wünscht und dass es länger dauert die verschiedenen Lösungen zu finden, als eine einzige. Bei dieser Methodik kommt es also stärker auf den Bereich an, in welchen das System arbeitet und eingesetzt wird, als bei den vorherigen. Bei der Reiseplanung beispielsweise würde man alternative Lösungen, zwischen denen gewählt werden kann, präferieren, während ein Arzt hingegen schnell eine eindeutige Diagnose stellen möchte.

Alle diese Ansätze verfügen über andere Herangehensweisen und bergen unterschiedliche Vor- und Nachteile anhand derer man über eventuelle Kombinationen der Ideen nachdenken kann.

Denkbare Kombinationen:

Das Konsistenzmanagement bietet den großen Vorteil der vorbeugenden Wirkung gegenüber Problemen innerhalb der Fallbasis. Zudem ist es mit jedem Wartungsansatz koppelbar, in welchem Fälle hinzugefügt werden, wie beispielsweise bei der performancebasierten Methode oder der Fall-Hinzufüg-Methode. So wäre es möglich eine mit Konflikten und Problemen durchsetzte Fallbasis zunächst mit der Fall-Hinzufüg-Methode zu warten, wobei bei jedem Hinzufügen eines Falles ein Regelwerk benutzt wird, wie es beim Konsistenzmanagement verwendet wird um zukünftige Inkonsistenzen zu verhindern.

Eine andere Idee ist es, die Methodik des Konfliktgraphen mit dem widerspruchstolerierenden Ansatz zu verknüpfen. Wählt man beim Konfliktgraphen als Falleigenschaft für die Konflikt-Indikator-Menge die Konsistenz und Zusammenhangslosigkeit, so könnte man versuchen Widersprüche aufzudecken. Man erhält dank des Konfliktgraphen eine Visualisierung der in der Fallbasis enthaltenen Widersprüche mittels welcher sich Regeln entsprechend dem Widerspruchsansatz generieren lassen.

5   Fazit

In dieser Arbeit wurden mehrere unterschiedliche Ansätze zur Wartung und Optimierung einer Fallbasis präsentiert, sowie eventuelle Kombinationen dieser Ideen vorgestellt.

Aufgeführt wurde zunächst der Ansatz des Konfliktgraphen, welcher anhand der Probleme hinsichtlich der Falleigenschaften Konflikte innerhalb einer Fallbasis aufdeckt, visualisiert und anschließend, durch Modifizierung der Fallbasis, diese Probleme eliminiert.

Weiter gibt es die Methoden des Löschens oder Hinzufügens von Fällen, welche beide auf einer Klassifizierung hinsichtlich der Abdeckung und der Erreichbarkeit beruhen, anhand derer sie die Fälle der Fallbasis für das Löschen oder Hinzufügen ordnen.

Der performancebasierte Ansatz greift das Falllöschen und Fallhinzufügen für die Fallbasiswartung ebenfalls auf, konzentriert sich bei der Klassifizierung der Fälle jedoch stärker auf Kriterien bezüglich der Performance und untersucht wie viel Performancegewinn ein Fall einer Fallbasis liefert.

Das Konsistenzmanagement ist im Gegenteil zu den vorher genannten Ansätzen eine vorbeugende Methode, welche eventuelle Probleme und Konflikte bereits im Moment des Hinzufügens des Falls zur Fallbasis erkennt. Dabei wird entweder interaktiv mit dem Benutzer gearbeitet, indem diesem Korrekturvorschläge gemacht werden, aus denen er wählen kann, oder das System korrigiert Konflikte vollautomatisch. Beides geschieht anhand eines genauen Regelwerkes.

Diesen bisherigen Ansätzen steht die Idee der Akzeptanz von Widersprüchen gegenüber. Anstatt Widersprüche und dergleichen aus der Fallbasis zu entfernen, werden die sich widersprechenden Fälle genutzt, um einen vorher festgelegten Standpunkt zu unterstützen, indem man ihn von allen Seiten betrachten, mit Argumenten untermauern und beispielsweise auch das stärkste Gegenargument feststellen lässt.

Die hier vorgestellten Ideen sind sicherlich nicht alle existierenden Wartungs- und Optimierungsmethoden, jedoch geben sie einen guten Überblick über die Vielfältigkeit und die Wichtigkeit dieses Forschungsgebietes.

Literaturverzeichnis

[Markovich und Scott, 1988] MARKOVICH, Shaul ; SCOTT, Paul D.: *The role of forgetting in learning.* In: Proceedings of the 5th International Conference on Machine Learning (ICML-88), Nr. 1, S. 459-465, 1988

[Minton, 1990] MINTON, Steven: *Qualitative results concerning the utility of explanation-based learning.* In: Artificial Intelligence, Nr. 42, S. 343-391, 1990

[Poulin u. a. 1993]   POULIN, Daniel ; ST-VINCENT, Pierre ; BRATLEY, Paul: *Contradiction and Confirmation.* In: Proceedings of the 4th international Conference on Database and Expert Systems Applications (DEXA-93, September 06 – 08). Lecture Notes In Computer Science, vol. 720, S.502-513, 1993

[Aamodt und Plaza 1995] AAMODT, Agnar ; PLAZA, Enric: *Case-based reasoning: Foundational issues, methodological variations, and system approaches.* In: AI Communications, Nr. 7(1), S. 39-59, 1994

[Racine und Yang 1996]   RACINE, Kirsti ; YANG, Qiang: *On the Consistency Management of Large Case Bases: the Case for Validation.* In: Proceedings of the AAAI-96 Workshop on Knowledge Base Validation, American Association for Artificial Intelligence (AAAI-96), August 1996

[Zhu und Yang 1998] ZHU, Jun ; YANG, Qiang: *Remembering to Add: Competence-preserving Case-Addition Policies for Case-Base Maintenance.* In: Proceedings of the 16th International Joint Conference on Artificial Intelligence (IJCAI-99), S. 234-241, 1999

[Leake und Wilson 1998] LEAKE, David B. ; WILSON, David C.: *Case-base maintenance: Dimensions and directions.* In: Proceedings of the 4th European Workshop on Case-Based Reasoning (EWCBR-98), S. 196-207, 1998

[Smyth und McKenna 1999] SMYTH, Barry ; MCKENNA, Elizabeth: *Footprint-based retrieval.* In: Proceedings of the 3rd International Conference on Case-Based Reasoning and Development (ICCBR-99, July 27 – 90). Lecture Notes In Computer Science, vol. 1650, S.343-357, 1999

[Leake und Wilson 2000]   LEAKE, David B. ; WILSON, David C.: *Guiding Case-Base Maintenance: Competence and Performance.* In: Proceedings of the 14th European Conference on Artificial Intelligence Workshop on Flexible Strategies for Maintaining Knowledge Containers, S.47-54, 2000

[Iglezakis 2001] IGLEZAKIS, Ioannis: *The Conflict Graph for Maintaining Case-Based Reasoning Systems.* In: Proceedings of the 4th International Conference on Case-Based Reasoning (ICCBR-01): Case-Based Reasoning Research and Development. Lecture Notes In Computer Science, vol. 2080, S.263-275, 2001

[Roth-Berghofer und Iglezakis 2001]   ROTH-BERGHOFER, Thomas ; IGLEZAKIS, Ioannis: *Six Steps in Case-Based Reasoning: Towards a maintenance methodology for case-based reasoning systems.* In: Professionelles Wissensmanagement: Erfahrungen und Visionen, Shaker-Verlag, S.198-208, 2001

www.ingramcontent.com/pod-product-compliance
Lightning Source LLC
La Vergne TN
LVHW042311060326
832902LV00009B/1406